Impressum

Verlag: BABADADA GmbH, Nedderfeld 112 , 22529 Hamburg

Geschäftsführer / Verlagsleitung: Harald Hof

Druck: Books on Demand GmbH, In de Tarpen 42, 22848 Norderstedt

Imprint

Publisher: BABADADA GmbH, Nedderfeld 112 , 22529 Hamburg, Germany

Managing Director / Publishing direction: Harald Hof

Print: Books on Demand GmbH, In de Tarpen 42, 22848 Norderstedt, Germany

դպրոց
chikoro

մատյան
imba yekudzidzira
բաժանել
dhivhaidha
186/2
գրատախտակ
bhodhi
խաղադաշտ
chivanze chechikoro
ուսուցիչ
mudzidzisi
թուղթ
pepa
գրել
nyora
գրիչ
chinyoreso
գրասեղան
tafura
քանոն
rura
գիրք
bhuku
աշակերտ
mwana wechikoro

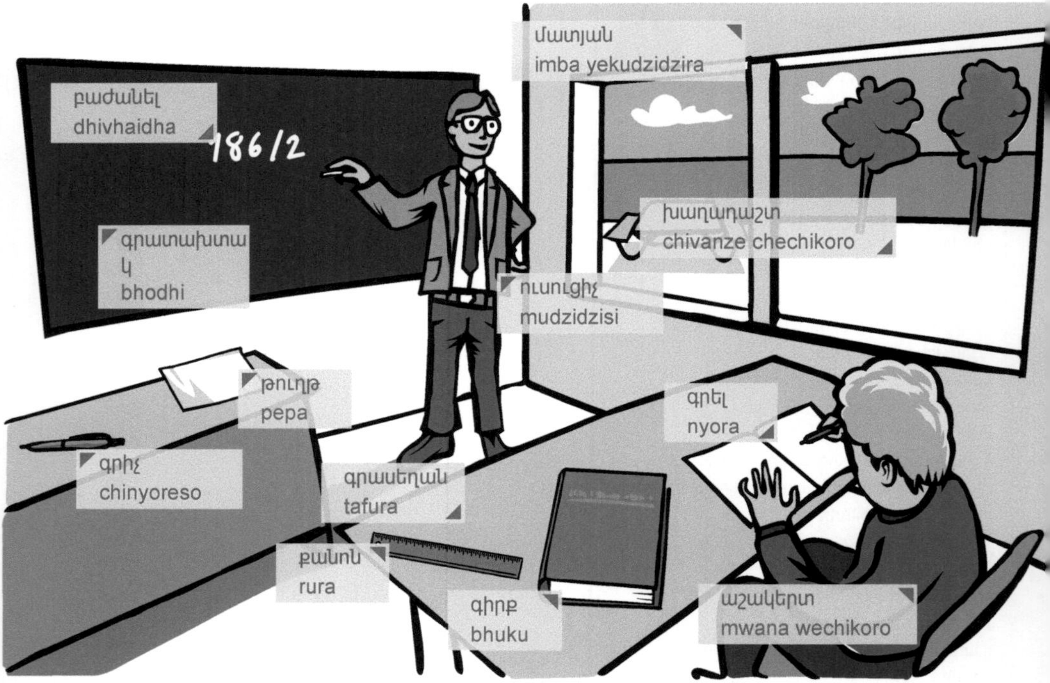

պայուսակ

bhegi

գրչատուփ

chekuchengetera mapenzura

մատիտ

penzura

մատիտի սրիչ

chekurodzesa mapenzura

ռետին

rabha

նկարչական ալբոմ

bhuku rekudhirowera mifananidzo

նկարչություն

mufananidzo
wakadhirowewa

վրձին

bhurasho rekupendesa

ներկերի տուփ

bhokisi rependi

մկրատ

chigero

սոսինձ

guruu

տետր

bhuku rekunyorera

Տնային աշխատանք

basa rinoitirwa kumba

թիվ

nhamba

գումարել

sanganisa

հանել

bvisa

բազմապատկել

wanziridza

հաշվել

kakureta

տառ

bhii

այբուբեն

arufabheti

hello

բառ

shoko

տեքստ
....
mashoko

կարդալ
....
kuverenga

կավիճ
....
choko

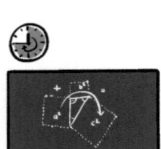

դաս
....
chidzidzo

մատյան
....
bhuku remazita

քննություն
....
bvunzo

վկայական
....
setifiketi

դպրոցական համազգեստ
....
yunifomu yekuchikoro

կրթություն
....
dzidzo

հանրագիտարան
....
encyclopedia

համալսարան
....
yunivhesiti

մանրադիտակ
....
maikorosikopu

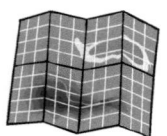

քարտեզ
....
mepu

աղբարկղ
....
bhini remapepa

հյուրանոց
hotera
հանրակացարա
ն
mahostera
փոխանակման կետ
panochinjwa mari
ճամպրուկ
sutukesi
ավտոմեքենա
mota

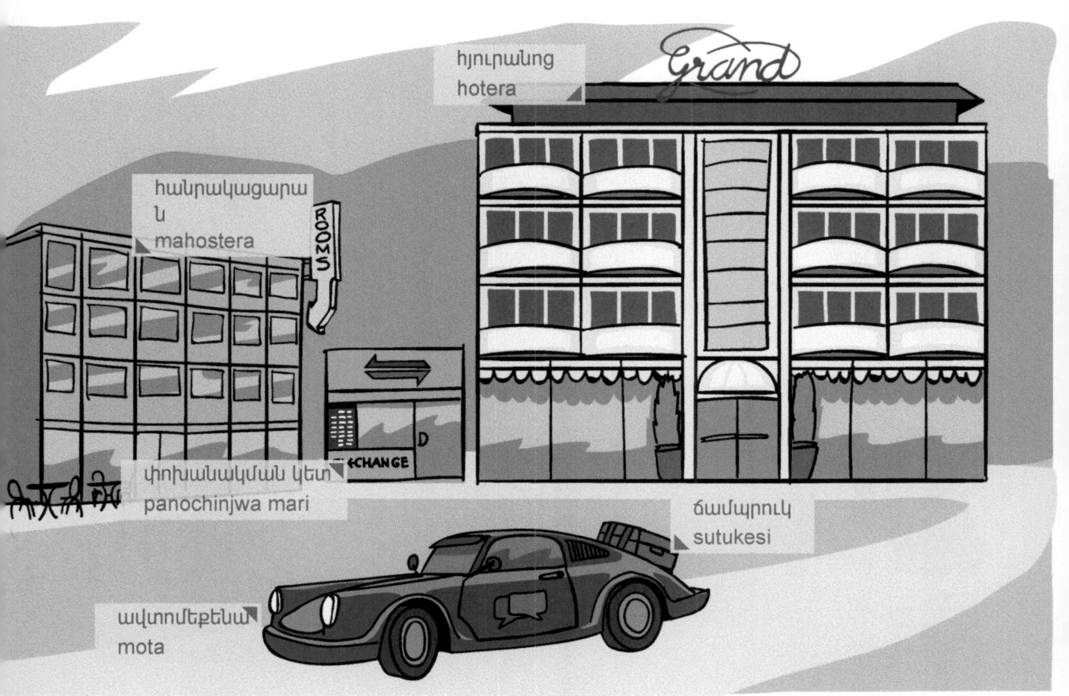

լեզու

mutauro

այո / ոչ

hongu / kwete

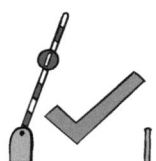

Լավ

Zvakanaka

ողջույն

hesi

թարգմանիչ

mushanduri

Շնորհակալություն

Mazvita

Որքան է ...?

Imarii... ?

Ես չեմ հասկանում

Handisi kunzwisisa

խնդիր

dambudziko

Բարի երեկո

Manheru!

Բարի լույս

Mangwanani!

Բարի երեկո

Murare zvakanaka

ցտեսություն

toonana

ուղղություն

mafambiro

ուղեբեռ

katundu

պայուսակ

bhegi

մեջքի պայուսակ

bhegi rekumusana

հյուր

muenzi

սենյակ

imba

քնապարկ

bhegi rekurarira

վրան

tendi

Զբոսաշրջության տեղեկատվական

mashoko evafambi

լողափ

mahombekombe

ԿՐԵԴԻՏ քարտ

kadhi rekubhengi

նախաճաշ

kudya kwemangwanani

լանչ

kudya kwemasikati

ճաշ

kudya kwemanheru

տոմս

tiketi

վերելակ

chikwidzo

կնիք

chitambi

սահման

muganhu

մաքսային

vanoona nezvekupinda munyika

դեսպանություն

vamiririri venyika

մուտքի արտոնագիր

vhiza

անձնագիր

pasipoti

Փոխադրամիջոցներ

zvifambiso

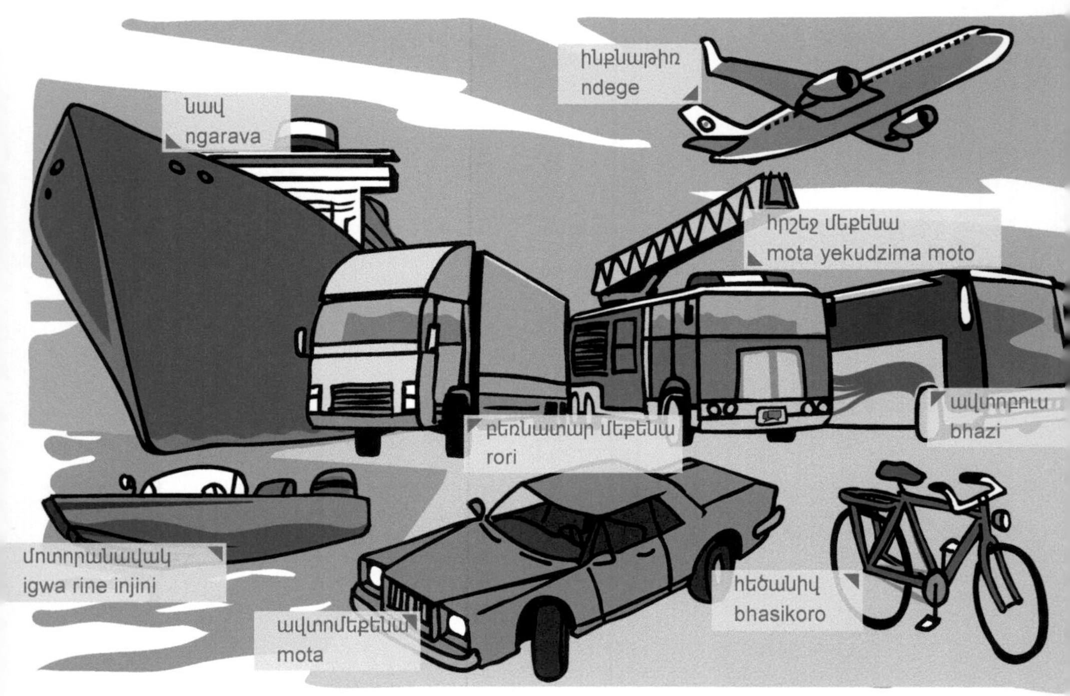
նավ
ngarava
ինքնաթիռ
ndege
հրշեջ մեքենա
mota yekudzima moto
ավտոբուս
bhazi
բեռնատար մեքենա
rori
մոտորանավակ
igwa rine injini
հեծանիվ
bhasikoro
ավտոմեքենա
mota

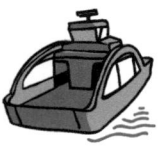

լաստանավ

igwa

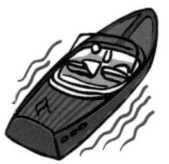

նավակ

igwa

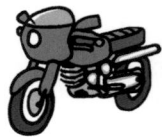

մոտոցիկլ

mudhudhu

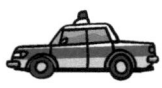

ոստիկանության մեքենա

mota yemapurisa

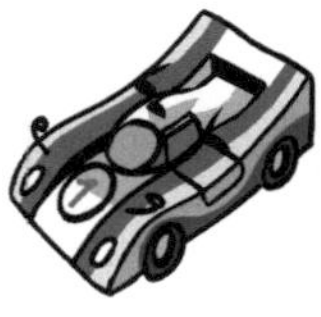

մրցարշավային մեքենա

mota yemujaho

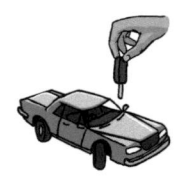

վարձակալվող մեքենա

mota yekuhaya

մեքենայի վարձակալում

kuhaya mota

էվակուատոր

mota inodhonza dzinenge dzafa

աղբահանության մեքենա

mota yemabhini

շարժիչ

injini

վառելիք

mafuta

բենզալցակայան

garaji remafuta

երթևեկության նշան

chikwangwani chemumugwagwa

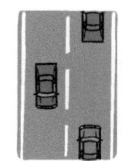

երթևեկություն

mota

խցանում

mota dzakawandisa

ավտոկանգառ

panopakwa mota

երկաթուղային կայարան

chiteshi chezvitima

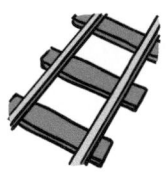

երկաթուղագիծ

njanji

գնացք

chitima

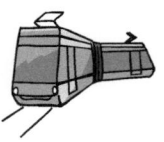

տրամվայ

tram

վագոն

chitima

ուղղաթիռ

chikopokopo

օդանավակայան

nhandare yendege

աշտարակ

nharire

ուղեւոր

mufambi

աման

chikondena

խավաքարտ

kadhibhodhi bhokisi

սայլ

ngoro

զամբյուղ

bhasiketi

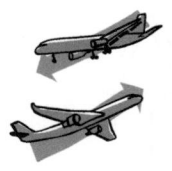

հանեք / հողատարածք

simuka / mhara

քաղաք

guta

գյուղ

musha

քաղաքի կենտրոնում

pakati peguta

տուն

imba

10

քաղաք - guta

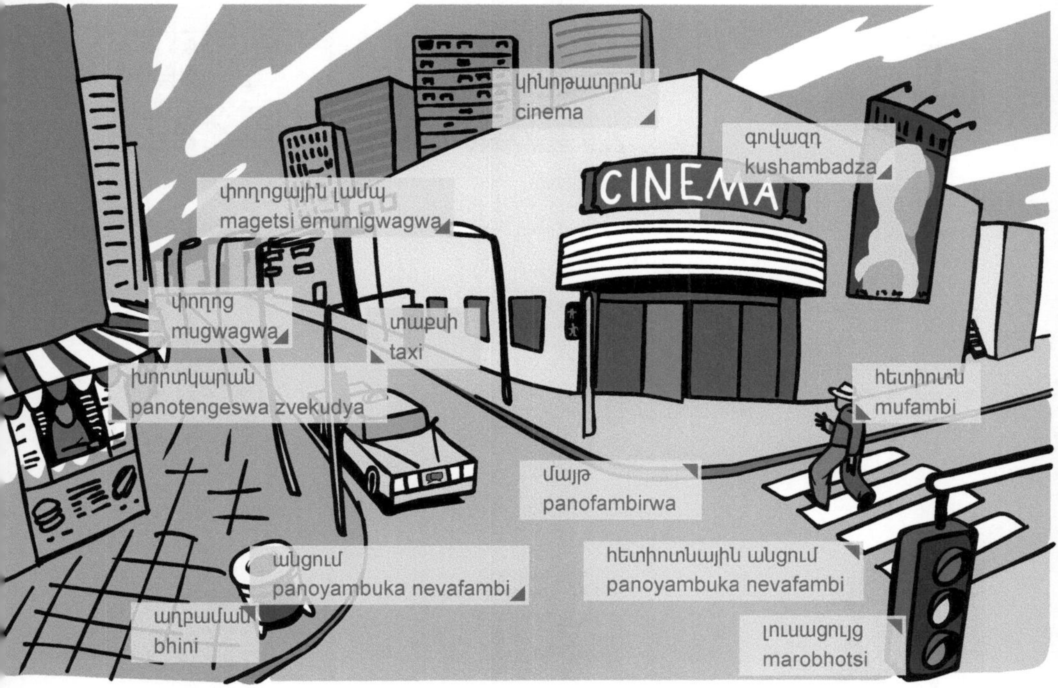
կինոթատրոն
cinema
CINEMA
գովազդ
kushambadza
փողոցային լամպ
magetsi emumigwagwa
փողոց
mugwagwa
տաքսի
taxi
խորտկարան
panotengeswa zvekudya
հետիոտն
mufambi
մայթ
panofambirwa
անցում
panoyambuka nevafambi
հետիոտնային անցում
panoyambuka nevafambi
աղբաման
bhini
լուսացույց
marobhotsi

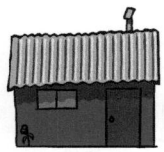

խրճիթ

imba

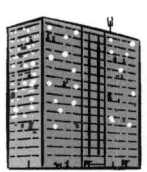

բնակարան

mafurati

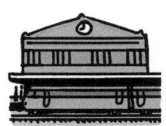

երկաթուղային կայարան

chiteshi chezvitima

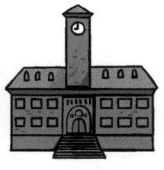

քաղաքապետարան

imba yeguta

MUSEUM

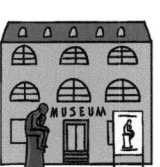

թանգարան

muziyamu

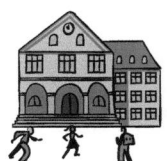

դպրոց

chikoro

համալսարան

yunivhesiti

բանկ

bhengi

հիվանդանոց

chipatara

հյուրանոց

hotera

դեղատուն

panotengeswa mishonga

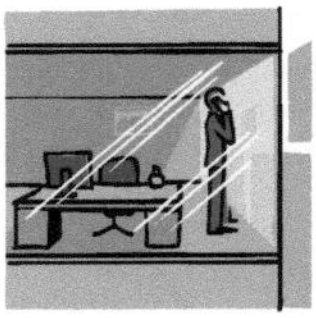

գրասենյակ

hofisi

գրքույկ խանութ

chitoro chemabhuku

խանութ

chitoro

ծաղկի խանութ

panotengeswa maruva

սուպերմարկետ

supamaketi

շուկա

musika

հանրախանութ

chitoro chine
madhipatimendi

ձկան խանութ

panotengeswa hove

առևտրի կենտրոն

nzimbo ine zvitoro

նավահանգիստ

chiteshi chengarava

զբոսայգի

paki

բանկերը

bhenji

կամուրջ

bhiriji

աստիճաններ

masitepisi

մետրո

nzira inoenda nepasi

թունել

mugwagwa wepasi

ավտոբուսի կանգառ

panokwirirwa mabhazi

բար

bhawa

ռեստորան

resitorendi

փոստարկղ

bhokisi retsamba

փողոցային նշան

chikwangwani chemugwagwa

ավտոկայանման հաշվիչ

mita yekupaka

կենդանաբանական այգի

kunochengeterwa mhuka

լողավազան

kunotuhwinirwa

մզկիթ

mosque

ֆերմա
purazi

աղտոտման
kusvibisa

գերեզմանոց
kumakuva

եկեղեցի
chechi

խաղահրապարակ
pekutambira

տաճար
temberi

բնապատկեր
mamiriro akaita nzvimbo

փեղկ
shizha

ուղղության նշան
chikwangwani

ճանապարհ
nzira

մարգագետին
mafuro

քար
dombo

արշավականներ
mufambi

ծառ
muti

գետ
rwizi

խոտ
uswa

ծաղիկ
ruva

հովիտ
....
mupata

բլուր
....
gomo

լիճ
....
dhamu

անտառ
....
sango

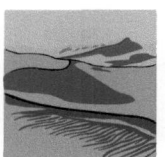

անապատ
....
gwenga

հրաբուխ
....
chikwatamabwe

ամրոց
....
zimba

ծիածան
....
muraraungu

սունկ
....
hohwa

արմավենու ծառ
....
muchindwe

մժեղ
....
umhutu

թռչել
....
nhunzi

մրջյուն
....
svosve

մեղու
....
nyuchi

սարդ
....
buve

բզեզ

chipembenene

գորտ

datya

սկյուռ

tsindi

ոզնի

nungu

նապաստակ

tsuro

բու

zizi

թռչուն

shiri

կարապ

swan

վարազ

nguruve yemusango

եղջերու

nondo

իշայծյամ

moose

պատնեշ

dhamu

քամին տուրբինների

injini yemhepo

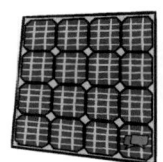

արեւային վահանակ

panero rezuva

կլիմա

mamiriro ekunze

մատուցող
hweta

մենյու
menyu

աթոռ
cheya

ապուր
supu

պիցցա
pitsa

սպասք
zvekushandisa pakudya

սփռոց
jira repatebhuru

ստարտեր
zvekusosa nzara

հիմնական կերակուր
zvekudya

դեսերտ
zvekuseredzera

օրական
zvekunwa

սնունդ
zvekudya

շիշ
bhodhoro

արագ սնունդ

zvekudya zvisingatori nguva kubika

streetfood

chikafu chinotengeswa munzira

թեյնիկ

tipoti

շաքարաման

gabha reshuga

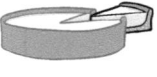

բաժին

chidimbu

էսպրեսսո մեքենա

muchina wekofi

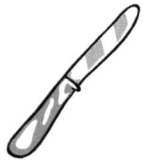

մանկական աթոռ

cheya yemwana

օրինագիծ

bhiri

սկուտեղ

tureyi

դանակ

banga

պատառաքաղ

forogo

գդալ

chipunu

թեյի գդալ

chipunu

անձեռոցիկ

zvekupukutisa muromo

ապակի

girazi

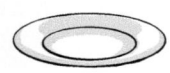

ափսե
ndiro

խոր ափսե
ndiro yesupu

պնակ
ndiro

սոուս
supu

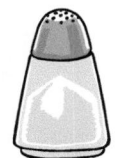

աղաման
chekuisira sauti

պղպեղի աղաց
chekugaya mhiripiri

քացախ
vhiniga

ձեթ
mafuta

համեմունքներ
masipaisi

կետչուպ
ketchup

մանանեխ
mustard

մայոնեզ
mayonaizi

սուպերմարկետ

supamaketi

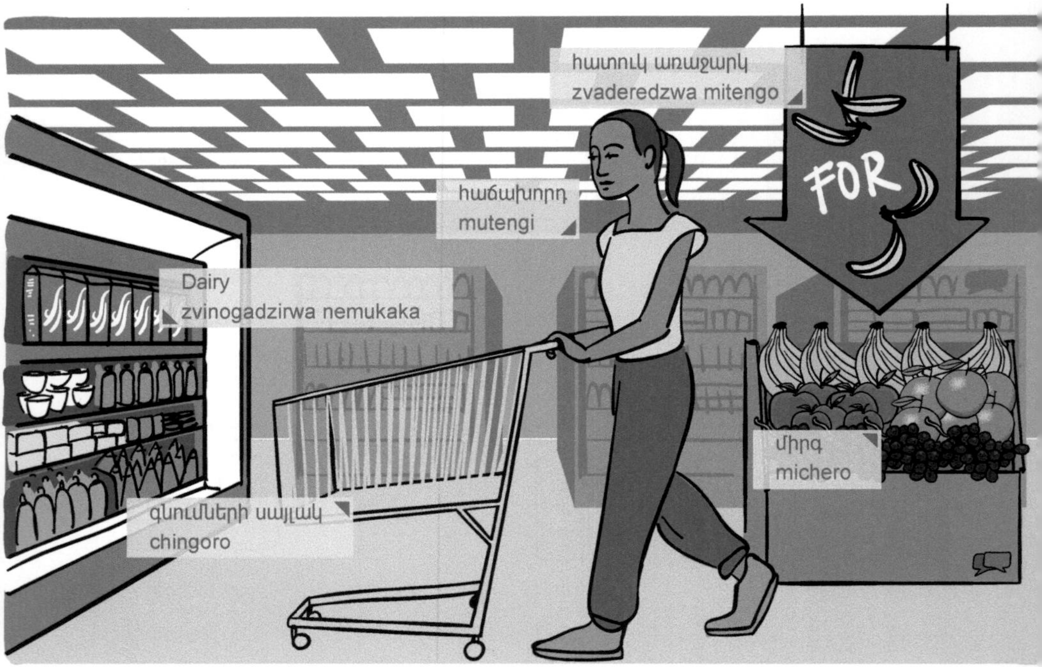

հատուկ առաջարկ
zvaderedzwa mitengo
FOR
հաճախորդ
mutengi
Dairy
zvinogadzirwa nemukaka
միրգ
michero
գնումների սայլակ
chingoro

մսամթերքի խանութ

panotengeswa nyama

հացամթերքի խանութ

panotengeswa chingwa

կշռել

kuyera

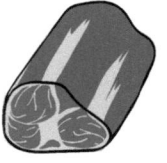

բանջարեղեն

miriwo

միս

nyama

սառեցված սննդամթերքի

zvekudya zvakaoma nechando

երշիկեղեն
nyama yakatonhora

պահածոների
zvekudya zvemugaba

լվացքի փոշի
sipo yeupfu yekuwachisa

քաղցրավենիք
masuwiti

տնտեսական ապրանքներ
zvekushandisa mumba

մաքրող միջոցներ
zvekuchenesa nazvo

վաճառող
mutengesi

դրամարկղ
tiru

գանձապահ
mutengesi

գնումների ցուցակ
zviri kuda kutengwa

ժամերը
nguva dzekuvhura

դրամապանակ
chikwama

ԿՐԵԴԻՏ քարտ
kadhi rekubhengi

պայուսակ
bhegi

պլաստիկ տոպրակ
pepa rekuisira

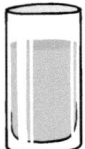

օրական

zvekunwa

ջուր

mvura

հյութ

muto wemichero

կաթ

mukaka

կոլա

coke

գինի

waini

գարեջուր

doro

սպիրտ

doro

կակաո

cocoa

թեյ

tii

սուրճ

kofi

էսպրեսսո

kofi

կապուչինո

cappuccino

բանան

bhanana

խնձոր

apuro

նարնջի

orenji

սեխ

nwiwa

կիտրոն

ndimu

գազար

karotsi

սխտոր

gariki

բամբուկ

mushenjere

սոխ

hanyanisi

սունկ

hohwa

ընկուզեղեն

nzungu

արիշտա

manoodle

սպագետտի

spaghetti

բրինձ

mupunga

աղցան

saradhi

չիպս

machipisi

տապակած կարտոֆիլ

mbatatisi dzakafuraiwa

պիցցա

pitsa

համբուրգեր

chingwa chakaruma nyama

սենդվիչ

sangweji

կոտլետ

nhindi

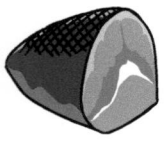

խոզապուխտ

ham

սալյամի

salami

երշիկ

soseji

հավ

huku

խորոված

gochwa

ձուկ

hove

վարսակի փաթիլներ

bota reoats

մյուսլի

muesli

եգիպտացորենի փաթիլներ

macornflake

ալյուր

furawa

կրուասան

croissant

բուլկի

chingwa

հաց

chingwa

տոստ

chingwa chakagochwa

թխվածքաբլիթներ

mabhisikiti

կարագ

bhata

կաթնաշոռ

ige

տորթ

keke

ձու

zai

տապակած ձու

zai rakafuraiwa

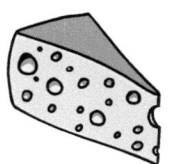

պանիր

chizi

պաղպաղակ

aizikirimu

շաքար

shuga

մեղր

huchi

ջեմ

jemu

նուգա սերուցք

chocolate yekuzora

կարրի

curry

ֆերմա
purazi

ֆերմային տնակ
imba yepapurazi
ծղոտի դեզ
chisote cheuswa
գոմ
dura
դաշտ
munda
ձի
bhiza
կցասայլ
turera
քուռակ
mubheme
տրակտոր
tirakita
ավանակ
dhongi
ոչխար
hwai
գառ
hwayana

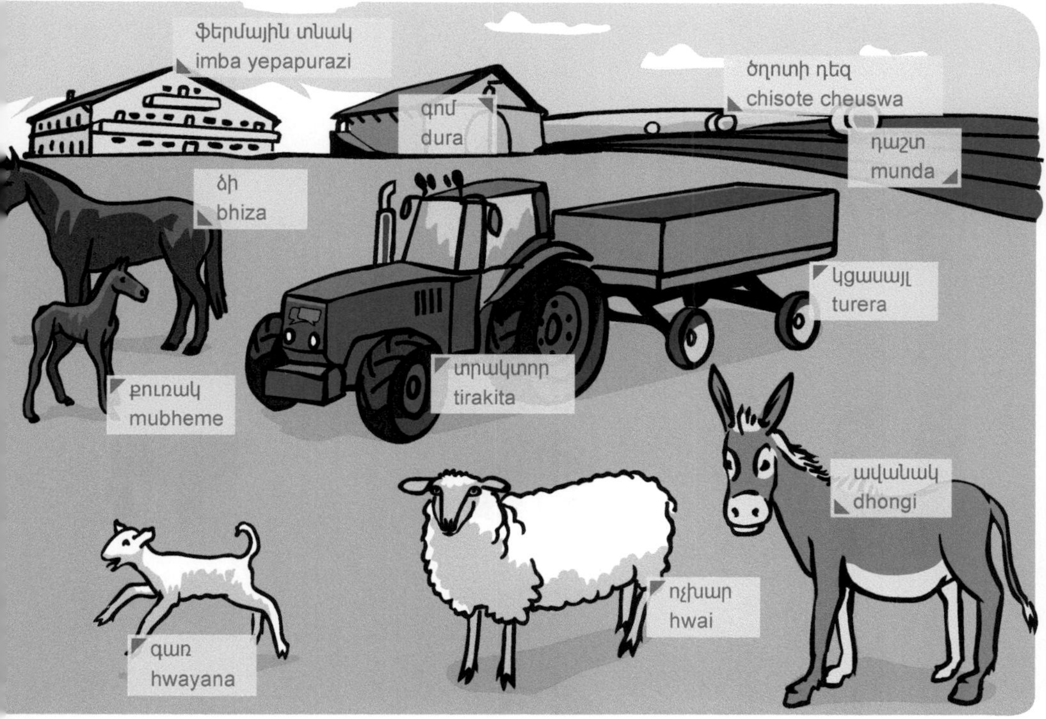

այծ
mbudzi

կով
mhou

հորթ
mhuru

խոզ
nguruve

խոճկոր
chigwi

ցուլ
bhuru

ֆերմա - purazi

սագ
....
dhadha

բադ
....
dhakisi

ճուտ
....
nhiyo

հավ
....
tseketsa

աքլոր
....
jongwe

առնետ
....
gonzo

կատու
....
katsi

մուկ
....
mbeva

ցուլ
....
dhonza

շուն
....
imbwa

շան բուն
....
imba yembwa

այգու փողրակ
....
pombi yemvura

watering կարող է
....
keni yekudiridzisa

գերանդի
....
jeko

գութան
....
gejo

մանգաղ

jeko

թոխր

badza

եղան

forogo

կացին

demo

միանիվ ձեռնասայլակ

bhara

կերակրատաշտ

chidyiro

կաթի բիդոն

bhodhoro remukaka

պարկ

saga

ցանկապատ

fenzi

կայուն

danga

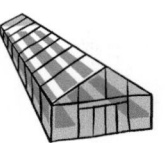

ջերմոց

greenhouse

հող

ivhu

սերմ

mbeu

պարարտանյութ

fetereza

բերքահավաք կոմբայն

mota yekukohwesa

բերք

kukohwa

բերք

gohwo

յամս

mbatatisi

ցորեն

gorosi

սոյա

soya

կարտոֆիլ

mbatatisi

եգիպտացորեն

chibage

rapeseed

rapeseed

մրգային ծառ

muti wemichero

manioc

mufarinya

շիլաներ

mbesa

տուն
imba

ծխնելույզ
chimbini
տանիք
denga
ջրհորդան խողովակ
pombi inorasa mvura
պատուհան
hwindo
ավտոտնակ
garaji
դռան զանգ
bhero repamusiwo
դուռ
musiwo
աղբարկղ
bhini remarara
փոստարկղ
bhokisi retsamba
պարտեզ
gadheni

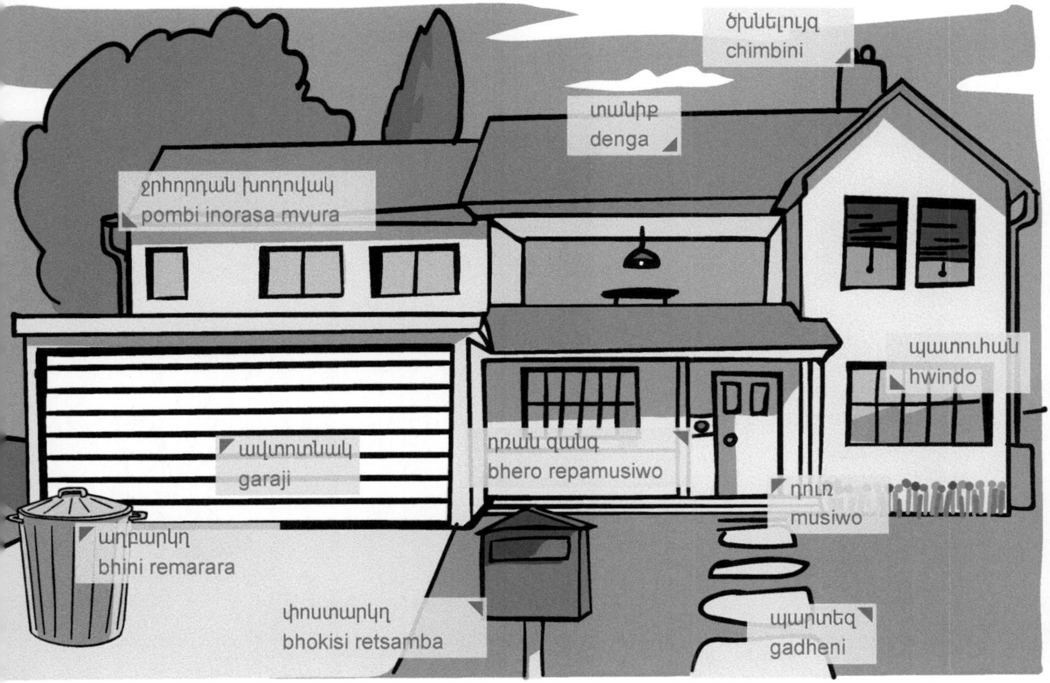

հյուրասենյակ

imba yekutandarira

լողասենյակ

mekugezera

խոհանոց

kicheni

ննջարան

imba yekurara

մանկական սենյակ

imba yemwana

ճաշասենյակ

imba yekudyira

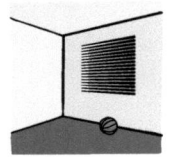

հարկ

uriri

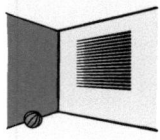

պատ

madziro

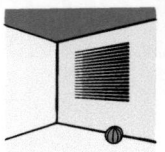

առաստաղ

denga

նկուղ

imba yepasi

շոգեբաղնիք

sauna

պատշգամբ

vharanda repadenga

պատշգամբ

uriri hwepadenga

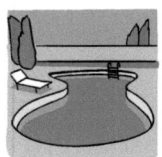

ավազան

dziva rekushambira

խոտհնձիչ

muchina wekuchekesa uswa

թերթ

jira

անկողնու ծածկոց

chekufukidza mubhedha

մահճակալ

mubhedha

ավել

bhurumu

դույլ

bhaketi

անջատիչ

suwichi

imba yekutandarira

պաստառ
pepa remadziro
նկար
pikicha
լամպ
rambi
դարակ
sherufu
բուֆետ
kabhati
հեռուստացույց
TV
բուխարի
nzvimbo yemoto
ծաղիկ
ruva
բարձ
kusheni
բազմոց
sofa
սկահակ
vhazi
հեռակառավարման
վահանակ
rimoti

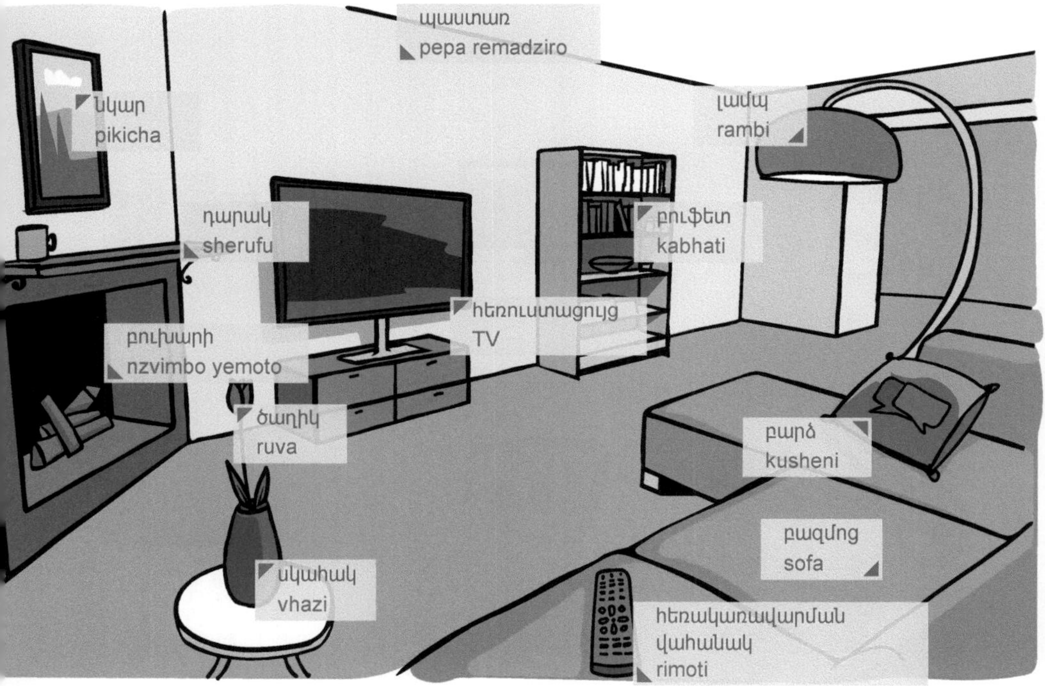

գորգ

kapeti

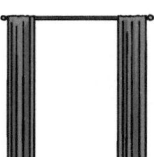

վարագույր

keteni

սեղան

tebhuru

աթոռ

cheya

ճոճվող բազկաթոռ

cheya inozeya

բազկաթոռ

cheya ine pekuisa maoko

գիրք
....
bhuku

վերմակ
....
gumbeze

զարդարանք
....
marongedzero

վառելափայտ
....
huni

ֆիլմ
....
firimu

hi-fi
....
redhiyo yehi-fi

բանալի
....
kii

թերթ
....
pepanhau

նկար
....
mufananidzo

պլակատ
....
posita

ռադիո
....
redhiyo

տետր
....
pekunyorera

փոշեկուլ
....
muchina wekuhuvhisa

կակտուս
....
chinanazi

մոմ
....
kenduru

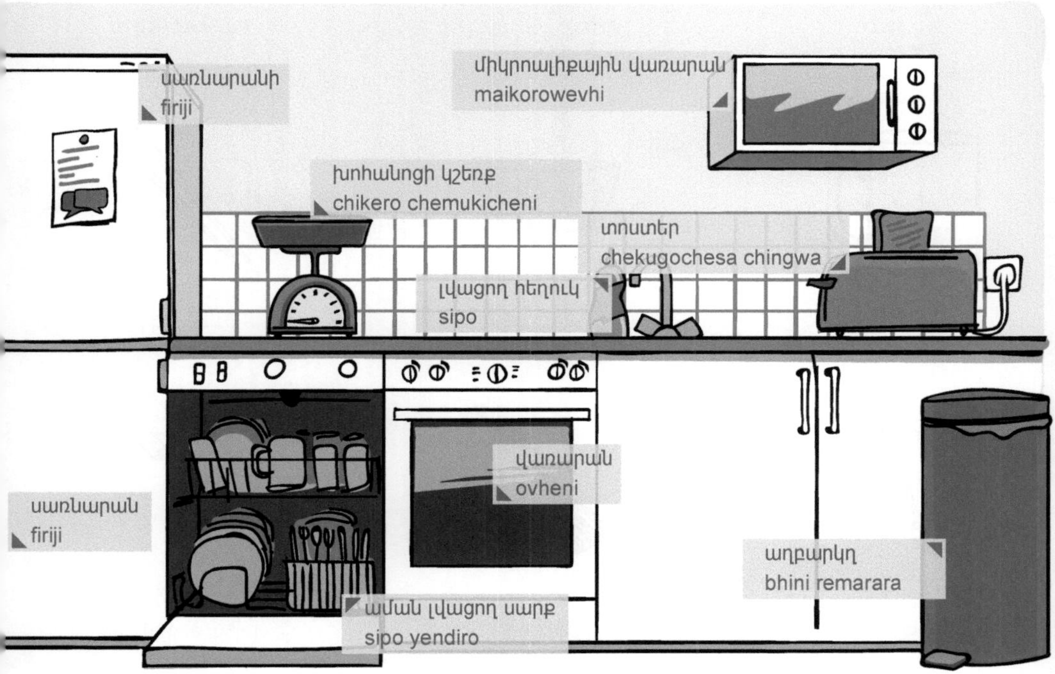

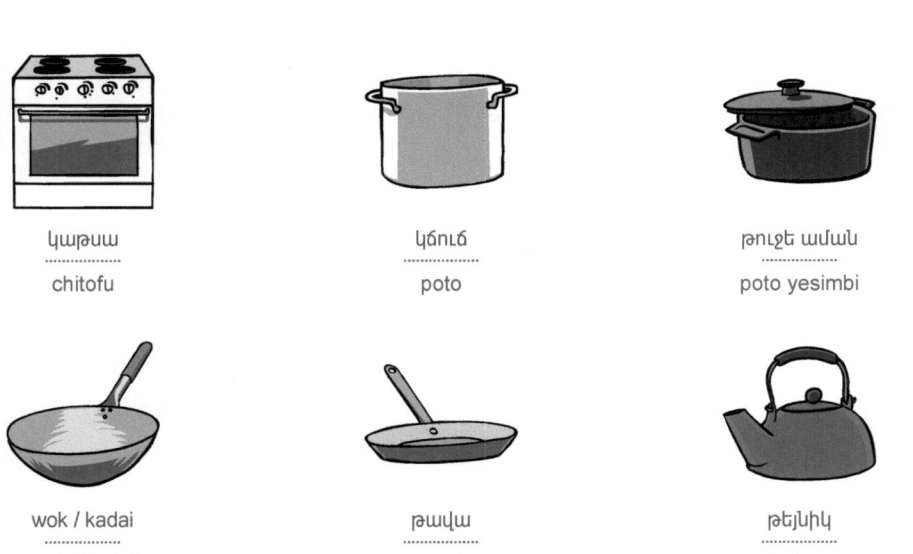

խոհանոց

kicheni

սառնարանի
firiji
միկրոալիքային վառարան
maikorowevhi
խոհանոցի կշեռք
chikero chemukicheni
տոստեր
chekugochesa chingwa
լվացող հեղուկ
sipo
վառարան
ovheni
սառնարան
firiji
աղբարկղ
bhini remarara

կաթսա

chitofu

կճուճ

poto

թուջե աման

poto yesimbi

wok / kadai

wok / kadai

թավա

pani

թեյնիկ

ketero

խոհանոց - kicheni

շոգենավ

chekubikisa neutsi hwemvura

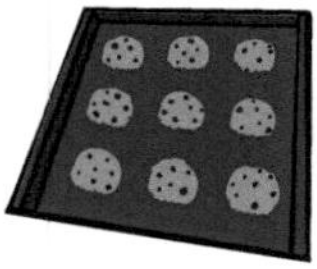

ջեռոցի սկուտեղ

turei yekubhekesa

ամանեղեն

ndiro

բաժակ

kapu

խորը աման

dishi

փայտիկներ

tumiti twekudyisa

շերեփ

chipunu

խոհանոցային բահիկ

chipunu

հարել

chekusanganisisa

քամիչ

chekukunisa

մաղ

chekukunisa

քերիչ

chekugiretesa

հավանգ

duri

խորոված

chiwaya

բաց կրակի

moto

տախտակ
chekuchekera

գրտնակ
chekutsimbiririsa
mukanyiwa

խցանահան
chekuvhurisa mabhodhoro
ewaini

բանկա
tini

բացիչ
chekuvhurisa tini

խոհանոցային բռնիչ
girovhosi rekubatisa
zvinopisa

լվացարան
singi

խոզանակ
bhurasho

սպունգ
chipanji

բլենդեր
chinosanganisa

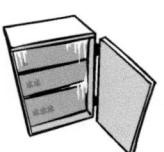

սառնարան
firiji

մանկական շիշ
bhodhoro remwana

թակել
pombi

լողասենյակ

mekugezera

ջեռուցում
chinodziisa mumba
սրբիչ
tauro
ցնցուղ
shawa
լոգարանի վարագույր
keteni remushawa
փրփուրով վաննա
mvura yekugeza ine furo
լոգարան
mekugezera
ապակի
girazi
լվացքի մեքենա
muchina wekuwachisa
թակել
pombi
սալիկներ
mataira
մանր
chipoti chemwana
լվացարան
singi

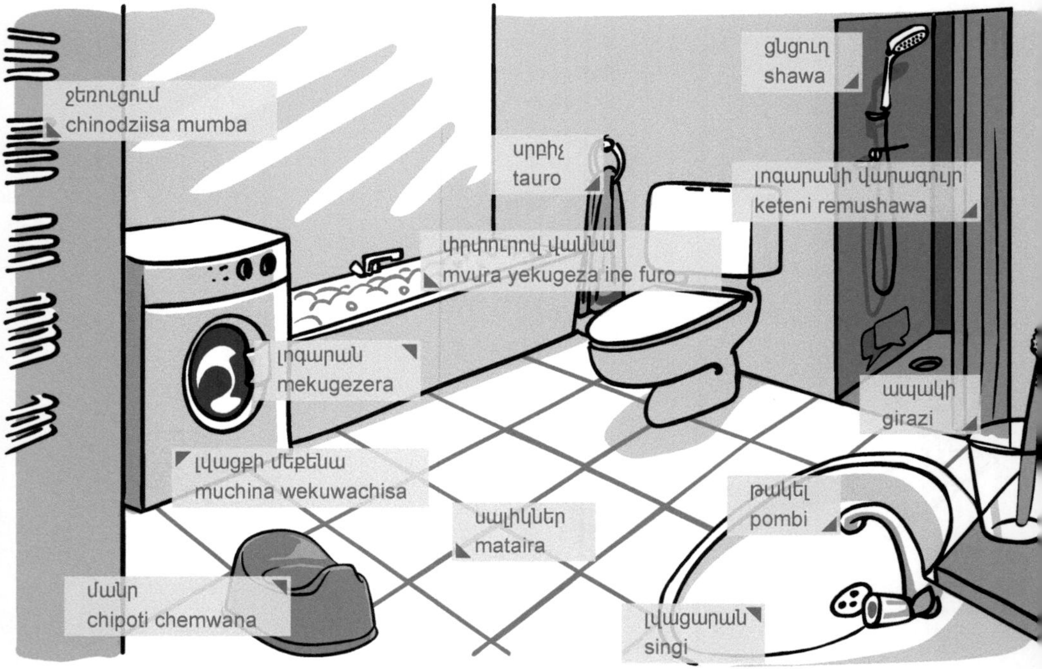

զուգարան

toireti

կզելը զուգարան

toireti yegomba

բիդե

chemba

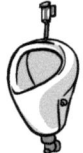

pissoir

chekuitira weti chevarume

զուգարանի թուղթ

pepa remutoireti

զուգարանի խոզանակ

bhurasho remutoireti

ատամի խոզանակ

bhurasho remazino

ատամի քսուք

mushonga wemazino

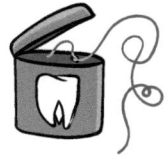

ատամի թել

tambo yekugezesa mazino

լվանալ

kugeza

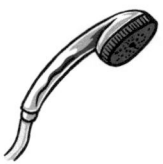

ձեռքի ցնցուղ

shawa yekuita zvekubata

ցնցուղ

douche

ավազան

bheseni

մեջքի խոզանակ

bhurasho remusoro

օճառ

sipo

լոգանքի գել

po yekugezesa mushawa

շամպուն

shambuu

ճիլոպ

chekugezesa

հատակացանցք

dhireni

կրեմ

mafuta

դեզոդորանտ

chinonhuwirira

հայելի

girazi

ձեռքի հայելի

girazi remumaoko

սափրիչ

chekugeresa ndebvu

Սափրվելու փրփուր

furo rekugeresa ndebvu

սափրվելուց հետո քսվող լոսյոն

mafuta ekuzora wagera ndebvu

սանր

kamu

խոզանակ

bhurasho

մազերի չորացուցիչ

chekuomesa bvudzi

մազի լաք

mushonga wekupfapfaidza musoro

դիմահարդարում

zvekupodesa

շրթնաներկ

chekupendesa muromo

եղունգների լաք

chekupendesa nzara

բամբակ

donje

եղունգների մկրատ

chigero chenzara

օծանելիք

pefiyumu

դիմահարդարման պայուսակ

bhegi rezvekugezesa

աթոռակ

chituro

կշեռք

chikero

լողանալու խալաթ

bathrobe

ռետինե ձեռնոցներ

magirovhosi erabha

տամպոն

tampon

սանիտարական սրբիչ

pedhi

քիմիական զուգարան

toireti inotakurwa

մանկական սենյակ

imba yemwana

զարթուցիչ ժամացույց
wachi
փափուկ խաղալիք
chitoyi chekurara nacho
խաղալիք մեքենա
mota yekutambisa
hosho
տիկնիկների տնակ
kamba kezvidhori
chipo

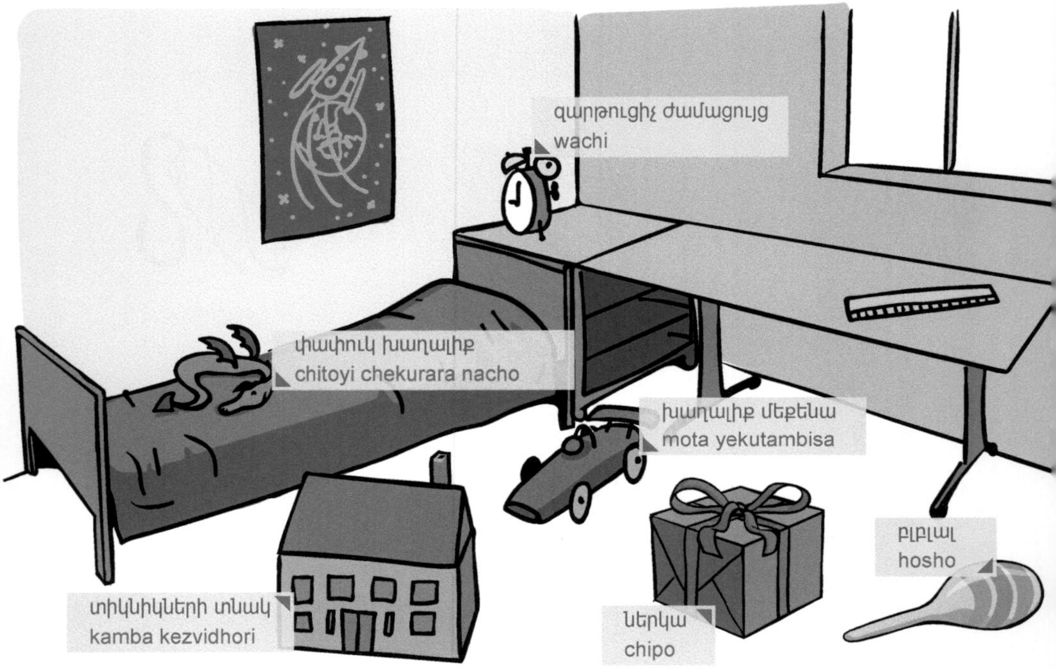

փուչիկ

chibharuma

մահճակալ

mubhedha

մանկական սայլակ

purema

խաղաթղթեր

makadhi ekutamba

խճապատկեր

puzzle

կոմիքս

makatuni ekuverenga

Լեգո կուբիկներ

zvekuvakisa zvinhu

կառուցողական խաղալիքներ

mabhuroko ekuvakisa

ակցիան գործիչ

chidhori

մանկական բոդի

babygrow

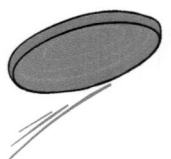

Frisbee

chekutambisa uchikanda

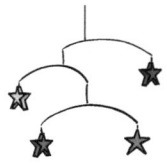

շարժական

zvekuvaraidza mwana

խաղատախտակ

gemu rinotambirwa pabhodhi

զառախաղ

dhaisi

գնացքների կազմ

zvitima zvekutambisa

ծծակ

chidhami

կուսակցություն

mabiko

մանկական պատկերազարդ գիրք

bhuku remapikicha

գնդակ

bhora

տիկնիկ

chidhori

խաղալ

kutamba

ավազե խաղահրապարակի

majecha ekutambira

ռիթմ

muzeerere

Խաղալիքներ

zvekutambisa

վիդեո խաղ մխիթարել

chekutambisa magemu emavhidhiyo

եռանիվ հեծանիվ

kabhasikoro kemavhiri matatu

խաղալիք արջուկ

teddy bear

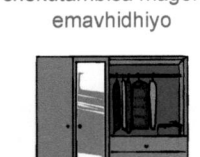

պահարան

wadhiropu

հագուստ

zvipfeko

կիսագուլպա

masokisi

գուլպա

masokisi

զուգագուլպա

matirauzi anobata muviri

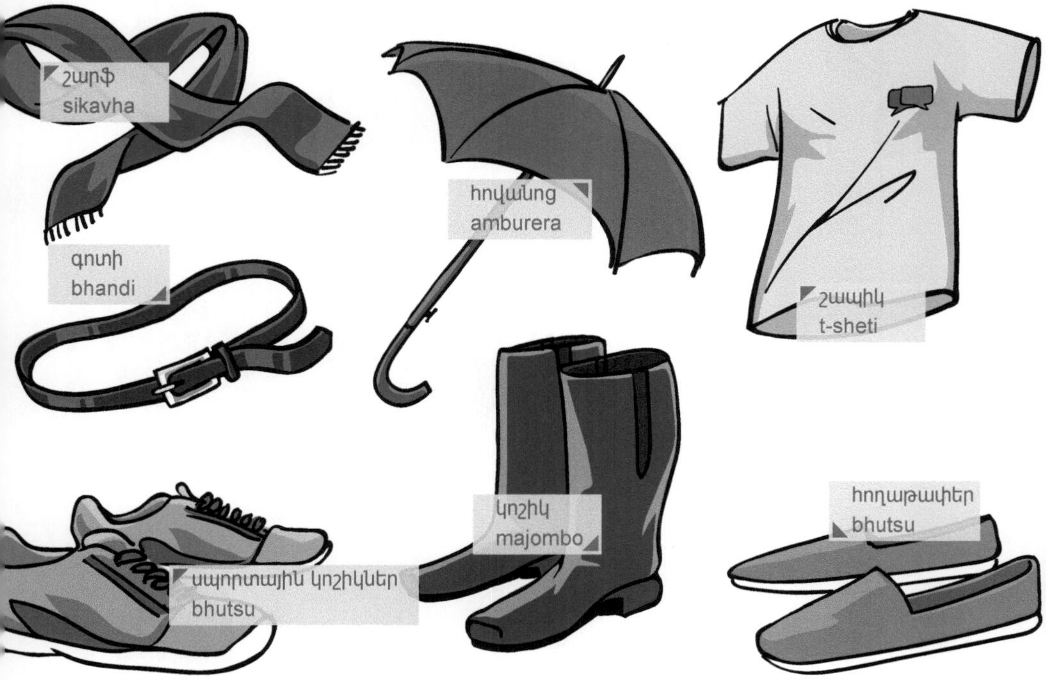

շարֆ
sikavha

հովանոց
amburera

գոտի
bhandi

շապիկ
t-sheti

կոշիկ
majombo

հողաթափեր
bhutsu

սպորտային կոշիկներ
bhutsu

սանդալներ
masanduru

կոշիկ
bhutsu

ռետինե կոշիկներ
magambutsu

վարտիք
nduwe

կրծկալ
bhodhi

մայկա
vhesi

մարմին

muviri

անդրավարտիք

tirauzi

ջինս

jini

կիսաշրջազգեստ

siketi

բլուզ

bhurauzi

վերնաշապիկ

hembe

պուլովեր

bhachi

սպորտային կուրտկա

chibhachi

պիջակ

bhachi

կուրտկա

bhachi

վերարկու

jasi

անձրևանոց

renikoti

կանացի կոստյում

koshitomu

զգեստ

dhirezi

հարսանյաց զգեստ

dhirezi remuchato

հագուստ - zvipfeko

տղամարդու կոստյում

sutu

գիշերանոց

hembe yekurarisa

պիժամա

mapijama

Սարի

chari

գլխաշորն

headscarf

չալմա

heti

չադրա

burqa

արևելյան խալաթ

kaftan

հաստ վերարկու

abaya

կանացի լողազգեստ

hembe yekutuhwinisa

տղամարդու լողազգեստ

chikabudura

շորտ

chikabudura

սպորտային համազգեստ

tirekisutu

գոգնոց

apuroni

ձեռնոցներ

magirovhosi

կոճակ

bhatani

ակնոց

magirazi

ապարանջան

bhenguru

վզնոց

chuma

մատանի

rin'i

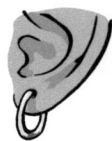

ականջօղ

mhete

գլխարկ

kepisi

կախիչ

hen'a

գլխարկ

heti

փողկապ

tai

շղթա

zipi

սաղավարտ

herumeti

տաբատակալ

mabhandi

դպրոցական համազգեստ

yunifomu yekuchikoro

համազգեստ

yunifomu

մանկական գոգնոց

chibhibhi

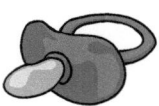

ծծակ

chidhami

մանկական տակդիր

napukeni

գրասենյակ

hofisi

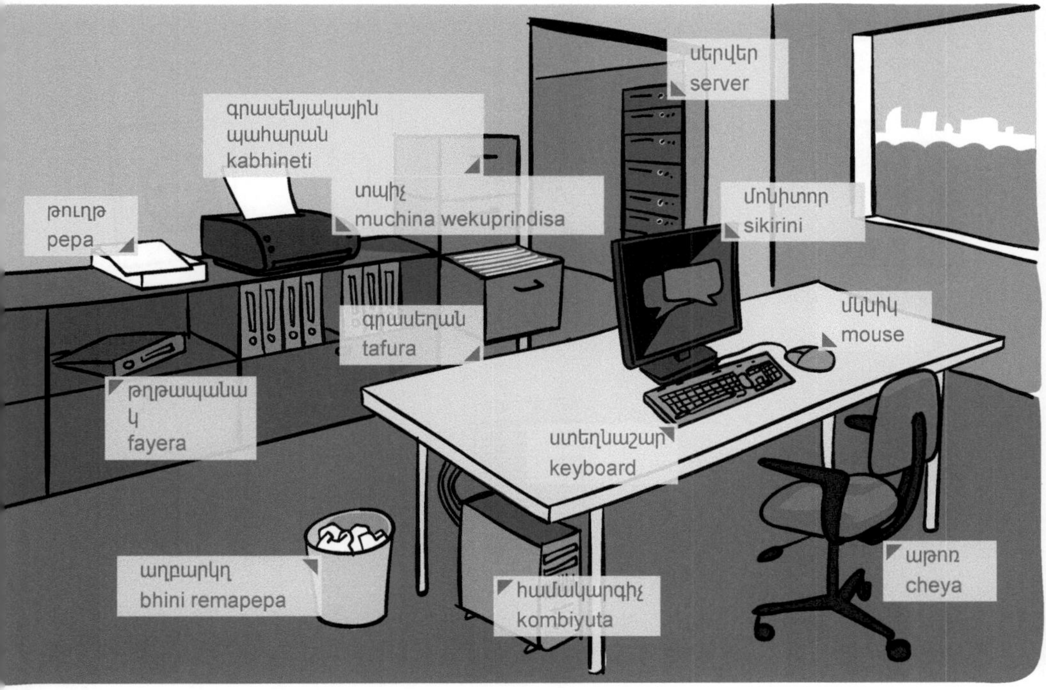

սերվեր
server

գրասենյակային
պահարան
kabhineti

տպիչ
muchina wekuprindisa

մոնիտոր
sikirini

թուղթ
pepa

գրասեղան
tafura

մկնիկ
mouse

թղթապանա
կ
fayera

ստեղնաշար
keyboard

աղբարկղ
bhini remapepa

համակարգիչ
kombiyuta

աթոռ
cheya

սուրճի գավաթ

kapu yekofi

հաշվիչ

kakureta

ինտերնետ

indaneti

laptop

laptop

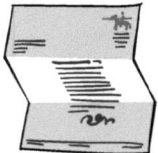

նամակ

tsamba

հաղորդագրություն

tsamba

բջջային հեռախոս

serura

ցանց

network

պատճենահանման սարք

muchina wekufotokopesa

ծրագրային ապահովում

software

հեռախոս

foni

վարդակ

pekupfekera magetsi

ֆաքսի մեքենա

muchina wefax

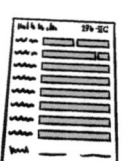

տեսակ

fomu

փաստաթուղթ

gwaro

գնել

kutenga

վճարել

kubhadhara

առեւտրի

kutengesa

փող

mari

դոլար

Dhora

եվրո

Euro

իեն

Yen

ռուբլի

rouble

շվեյցարական ֆրանկ

Swiss franc

յուան

renminbi yuan

ռուպի

rupee

բանկոմատ

panobhadharwa

փոխանակման կետ

panochinjwa mari

ոսկի

goridhe

արծաթ

sirivha

նավթ

mafuta

Էներգիա

magetsi

գին

mutengo

պայմանագիր

chibvumirano

հարկ

mutero

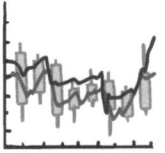

ակցիաներ

masitoku

աշխատանք

kushanda

ծառայող

mushandi

գործատուն

mushandirwi

գործարան

fekitari

խանութ

chitoro

մասնագիտություն

mabasa

ոստիկան
mupurisa
հրշեջ
mudzimi wemoto
խոհարար
mubiki
բժիշկ
chiremba
օդաչու
mutyairi wendege

այգեպան

mushandi wemugadheni

ատաղձագործ

muvezi

դերձակուհի

mukadzi anosona

դատավոր

mutongi

քիմիկոս

anoita zvemishonga

դերասան

ekita

ավտոբուսի վարորդ

mutyairi webhazi

տաքսու վարորդ

mutyairi wetaxi

ձկնորս

muredzi

հավաքարար

mudzimai anochenesa

տանիքագործ

anogadzira denga

մատուցող

hweta

որսորդ

muvhimi

նկարիչ

anopenda

հացթուխ

mubiki wechingwa

էլեկտրատեխնիկ

mugadziri wemagetsi

շինարար

muvaki

ինժեներ

injiniya

մսագործ

mushandi wemubhucha

ջրմուղագործ

puramba

փոստատար

positimeni

զինվոր

musoja

ճարտարապետ

anoita mapurani edzimba

գանձապահ

mutengesi

ծաղկավաճառ

mugadziri wemaruva

վարսավիր

mugadziri wemusoro

տոմսավաճառ

kondakita

մեխանիկ

makanika

կապիտան

kaputeni

ատամնաբույժ

chiremba wemazino

գիտնական

musayindisti

ռաբբի

rabbi

իմամ

imam

կուսակրոն

mumonk

հոգևորական

mufundisi

գործիքներ
maturusi

մուրճ
sando
տափակաբերան
աքցան
pinjisi
պտուտակահան
sikuruudhiraivha
դարձակ
chipanera
լապտեր
tochi

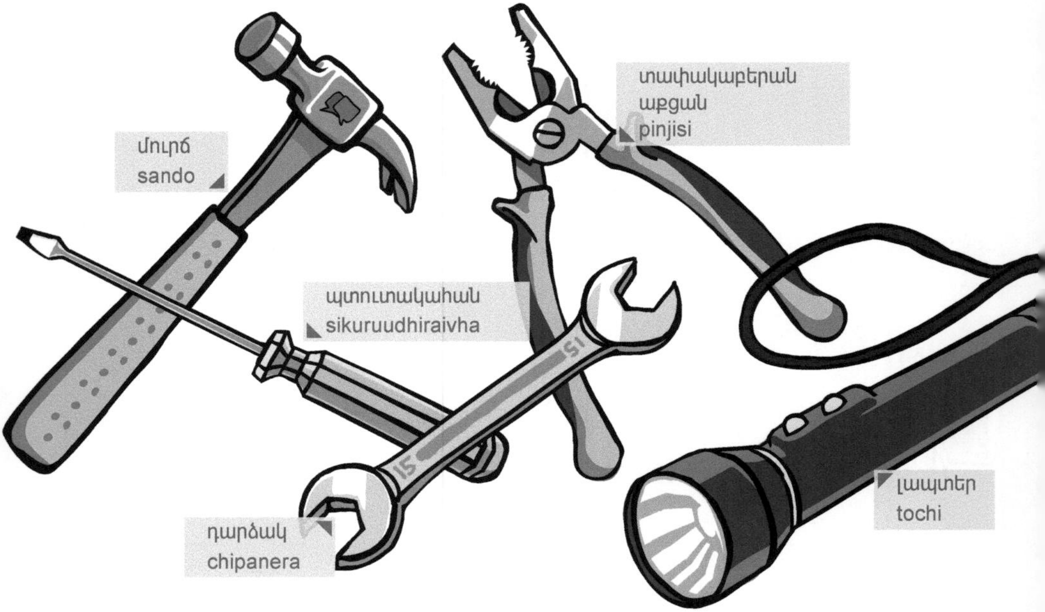

էքսկավատոր

chikatapira

գործիքների տուփ

bhokisi rematurusi

սանդուղք

manera

սղոց

saha

մեխեր

zvipikiri

գայլիկոն

chibooreso

նորոգում
kugadzira

բահ
foshoro

գրողը տանի
Nxa!

գոգաթիակ
chidyoreso

ներկաման
gaba rependi

պտուտակներ
masikuruu

Երաժշտական գործիքներ

zviridzwa

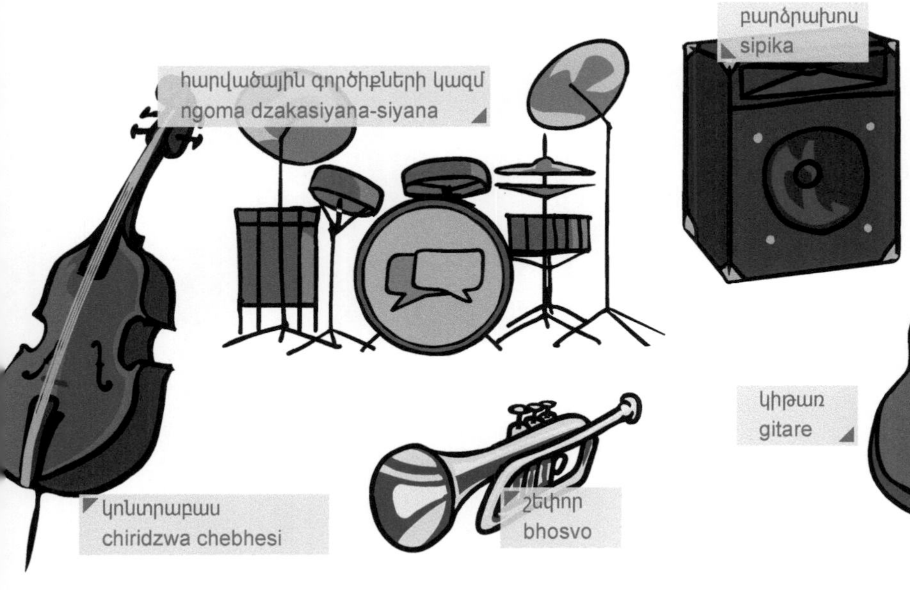

բարձրախոս
sipika

հարվածային գործիքների կազմ
ngoma dzakasiyana-siyana

կիթառ
gitare

կոնտրաբաս
chiridzwa chebhesi

շեփոր
bhosvo

դաշնամուր

piyano

ջութակ

violin

բաս

gitare rebhesi

թմբուկներ

ngoma

հարվածային գործիքներ

ngoma

ստեղնաշար

piyano yemagetsi

սաքսոֆոն

saxophone

ֆլեյտա

nyere

միկրոֆոն

maikorofoni

կենդանաբանական այգի

munochengeterwa mhuka

մուտք
pekupindisa
վագր
tiger
վանդակ
chizarira
զեբր
mbizi
կենդանիների կերակուր
chikafu chemhuka
պանդա
panda

կենդանիներ

mhuka

փիղ

nzou

կենգուրու

kangaruru

ռնգեղջյուր

chipembere

գորիլա

gorilla

գորշ արջ

bear

ուղտ
ngamera

ջայլամ
mhou

առյուծ
shumba

կապիկ
tsoko

Ֆլամինգո
flamingo

թութակ
parrot

բևեռային արջ
bear rekuchando

պինգվին
penguin

շնաձուկ
shark

սիրամարգ
pikoko

օձ
nyoka

կոկորդիլոս
garwe

կենդանաբանական այգու
աշխատող
muchengeti wenzvimbo
yemhuka

փոկ
seal

յագուար
jaguar

պոնի

nyurusi

ընձառյուծ

ingwe

գետաձի

mvuu

ընձուղտ

twiza

արծիվ

gondo

վարազ

nguruve yemusango

ձուկ

hove

կրիա

kamba

ծովացուլ

walrus

աղվես

gava

վիթ

nhoro

սպորտներ
mitambo

ամերիկյան ֆուտբոլ
bhora rekuAmerica
հեծանվավազք
kuchovha
թենիս
tenisi
բասկետբոլ
bhora rebhasiketi
լող
kutuhwina
հոկեյ
hockey yemuchando
բռնցքամարտ
tsiva

ֆուտբոլ

nhabvu

բադմինտոն

badminton

աթլետիկա

zvekumhanya

ձեռքի գնդակ

bhora remaoko

դահուկային սպորտ

kuita ski

պոլո

polo

գործունեություն

mabasa

ծիծաղել
kuseka
ցատկել
kusvetuka
գրկել
kumbundira
քայլել
kufamba
երգել
kuimba
երազել
kurota
աղոթել
kunyengetera
համբուրել
kutsvoda

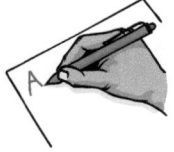

գրել

nyora

նկարել

kudhirowa

ցույց տալ

kuratidza

հրել

kusunda

տալ

kupa

վերցնել

kutora

ունենալ
kuva ne

դեպի
kuita

լինել
kuva

կանգնել
kumira

վազել
kumhanya

քաշել
kudhonza

նետել
kukanda

ընկնել
kudonha

ստել
kurara

սպասել
kumirira

կրել
kutakura

նստել
kugara

հագնվել
kupfeka

քնել
kurara

արթնանալ
kumuka

նայել
kutarisa

լացել
kuchema

շոյել
kupuruzira

սանրվել
kukama

խոսել
kutaura

հասկանալ
kunzwisisa

հարցնել
kubvunza

լսել
kuteerera

խմել
kunwa

ուտել
kudya

հարդարվել
kuchenesa

սիրել
kuda

խոհարար
kubika

քշել
kutyaira

թռչել
kubhururuka

լողալ
kufambiswa nemhepo

հաշվել
kakureta

կարդալ
kuverenga

սովորել
kudzidza

աշխատանք
kushanda

ամուսնանալ
kuroora / kuroorwa

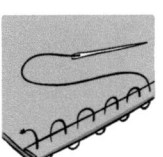

կարել
kusona

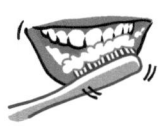

ատամները լվանալ
kukwesha mazino

սպանել
kuuraya

ծուխ
kuputa

ուղարկել
kutumira

տատիկ
ambuya

պապիկ
sekuru

հայր
baba

մայր
amai

երեխա
mwana

դուստր
mwanasikana

որդի
mwanakomana

հյուր
muenzi

հորաքույր
tete

հորեղբայր
sekuru

եղբայր
hanzvadzikomana

քույր
hanzvadzisikana

մարմին

muviri

ճակատ
huma
աչք
ziso
դեմք
chiso
կզակ
chirebvu
կուրծք
chipfuva
մատ
munwe
ձեռք
ruoko
թև
ruoko
ուս
bendekete
ոտք
gumbo

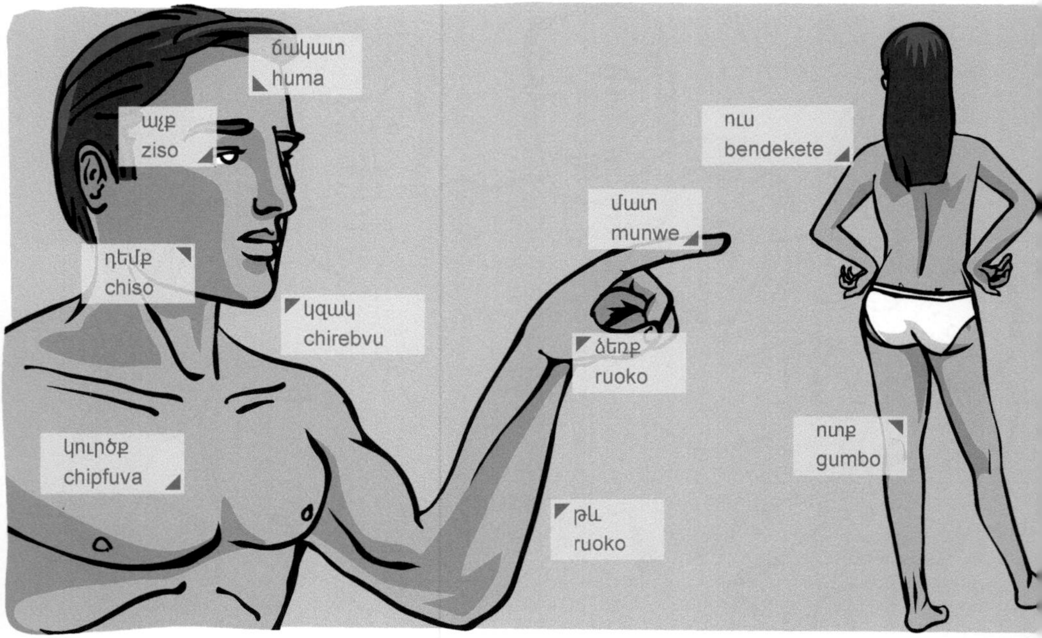

երեխա

mwana

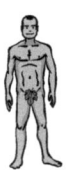

մարդ

murume

կին

mukadzi

աղջիկ

musikana

տղա

mukomana

գլուխ

musoro

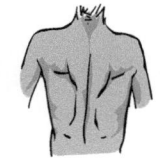

մեջք

musana

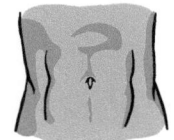

փոր

dumbu

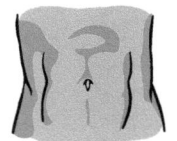

պորտ

guvhu

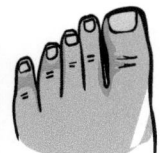

ոտնամատ

chigunwe

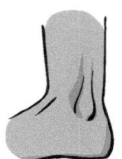

կրունկ

chitsitsinho

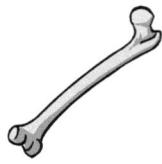

ոսկոր

bhonzo

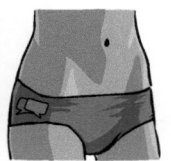

ազդր

hudyu

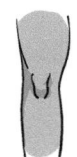

ծունկ

ibvi

արմունկ

gokora

քիթ

mhino

հետույք

garo

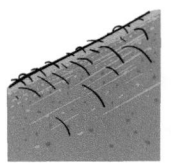

մաշկ

ganda

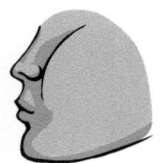

այտ

dama

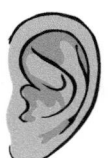

ականջ

nzeve

շրթունք

muromo

բերան

mukanwa

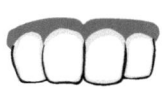

ատամ

zino

լեզու

rurimi

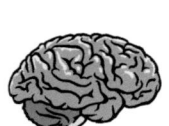

ուղեղ

uropi

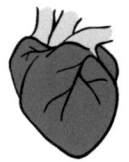

սիրտ

mwoyo

մկան

tsandanyama

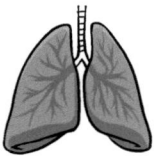

թոք

bapu

լյարդ

chitaka

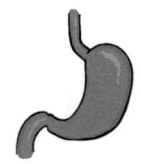

ստամոքս

dumbu

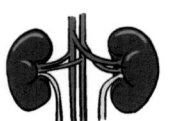

երիկամներ

itsvo

սեքս

kuita bonde

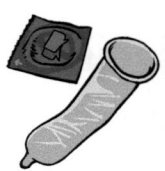

պահպանակներ

kondomu

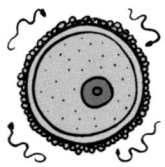

ձվաբջիջը

zai

Սեմյոն

urume

հղիություն

nhumbu

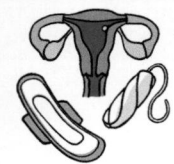

դաշտան
kuenda kumwedzi

հեշտոց
sikarudzi

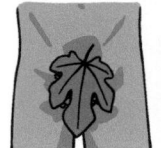

առնանդամ
mboro

հոնք
tsiye

մազ
bvudzi

պարանոց
mutsipa

հիվանդանոց
chipatara

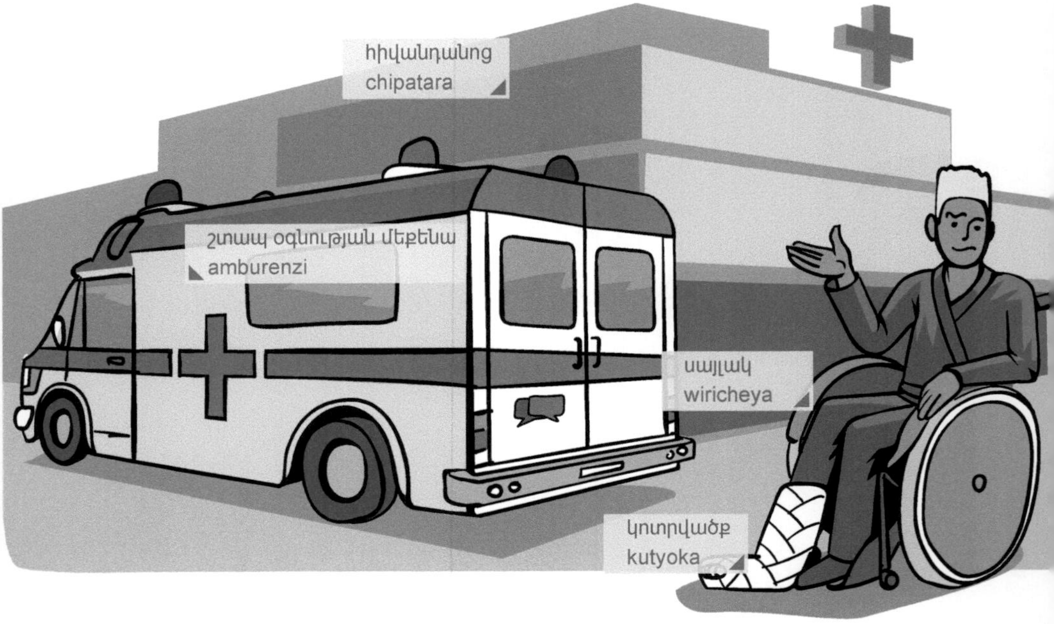

շտապ օգնության մեքենա
amburenzi
սայլակ
wiricheya
կոտրվածք
kutyoka

բժիշկ

chiremba

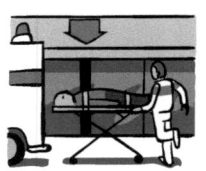

շտապ օգնության սենյակ

imba yerubatsiro

բուժքույր

nesi

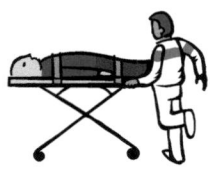

շտապ օգնություն

zvekukurumidza

անգիտակից

kufenda

ցավ

rwadza

վնասվածք

kukuvara

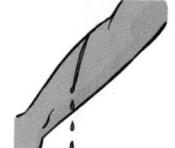

արյունահոսություն

kubuda ropa

սրտի կաթված

kuerekana mwoyo
usisashandi

կաթված

kuoma rutivi

ալերգիա

zvinorwarisa

հազ

chikosoro

տենդ

fivha

գրիպ

furuu

փորլուծություն

manyoka

գլխացավ

kutemwa nemusoro

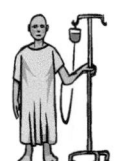

քաղցկեղ

mhuka

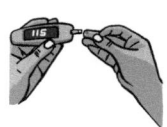

դիաբետ

chirwere cheshuga

վիրաբույժ

muvhiyi

վիրադանակ

kabanga keoparesheni

վիրահատություն

oparesheni

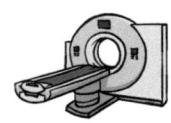

CT

CT

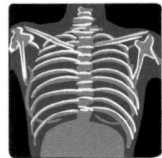

ռենտգեն

x-ray

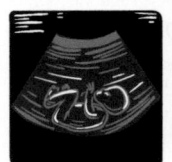

ուլտրաձայնային

ultrasound

դեմքի դիմակ

chekuvharisa mhino nemuromo

հիվանդություն

chirwere

սպասասրահ

mekumirira kurapiwa

հենակ

chidhondoro

սպեղանի

purasita

վիրակապ

bhandiji

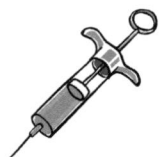

ներարկում

jekiseni

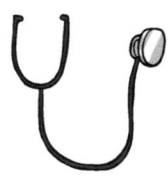

լսափողակ

chekuteerera nacho mukati

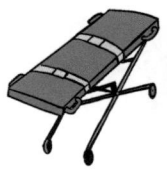

պատգարակ

kamubhedha kemurwere

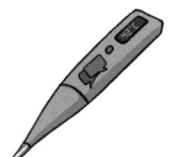

ջերմաչափ

chekutoresa nacho tembiricha

ծնունդ

kuzvara

ավելաքաշ

kufuta

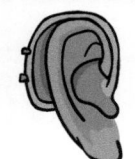

լսելով օգնության

chekubatsira kunzwa

ախտահանիչ

mushonga unouraya
utachiona

վարակ

utachiona

վիրուս

vhairasi

ՄԻԱՎ / ՁԻԱՀ

HIV / AIDS

դեղորայք

mushonga

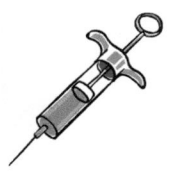

պատվաստում

kudzivirira zvirwere

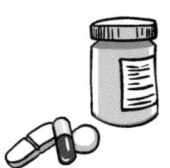

հաբեր

mapiritsi

հաբ

piritsi

ահազանգ

kufonera rubatsiro ipapo
ipapo

արյան ճնշման չափիչ սարք

muchina wekuyeresa BP

հիվանդ / առողջ

kurwara / kugwinya

Օգնություն!

Maiwe!

տագնապի ազդանշան

bhero

հարձակում

kurwisa

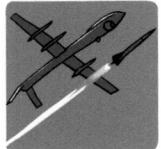

հարձակում

kurwisa

վտանգ

ngozi

վթարային ելք

pekupuda napo zvechimbi-chimbi

Յրդեհ

Moto!

կրակմարիչ

chekudzimisa moto

վթար

tsaona

առաջին օգնության դեղարկղ

zvinhu zvefirst aid

SOS

SOS

ոստիկանություն

mapurisa

Եվրոպա

Europe

Հյուսիսային Ամերիկա

Kuchamhembe kweAmerica

Հարավային Ամերիկա

Kumaodzanyemba
kweAmerica

Աֆրիկա

Africa

Ասիա

Asia

Ավստրալիա

Australia

Ատլանտյան օվկիանոս

Atlantic

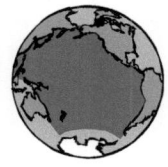

Խաղաղ օվկիանոս

Pacific

Հնդկական օվկիանոս

Nyanza yeIndia

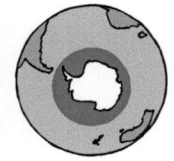

Հարավային Սառուցյալ
օվկիանոս
Nyanza yeAntarctic

Հյուսիսային Սառուցյալ
օվկիանոս

Nyanza yeArctic

հյուսիսային բևեռ

Kuchamhembe

հարավային բևեռ
Kumaodzanyemba

Անտարկտիդա
Antarctica

երկիր
Nyika

ցամաք
nyika

ծով
gungwa

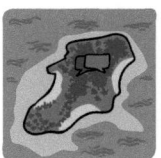

կղզի
chitsuwa

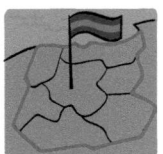

ազգ
nyika

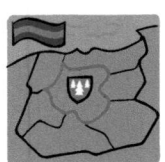

պետական
nyika

ժամացույց
wachi

թվատախտակ

wachi

ժամի սլաք

chinongedza awa

րոպեի սլաք

chinongedza miniti

վայրկյանի սլաք

chinongedza masekondi

Ժամը քանիսն է?

Inguvai?

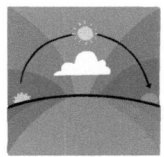

օր

zuva

այսպիսով

nguva

այժմ

izvozvi

թվային ժամացույց

wachi yemanhamba

րոպե

miniti

ժամ

awa

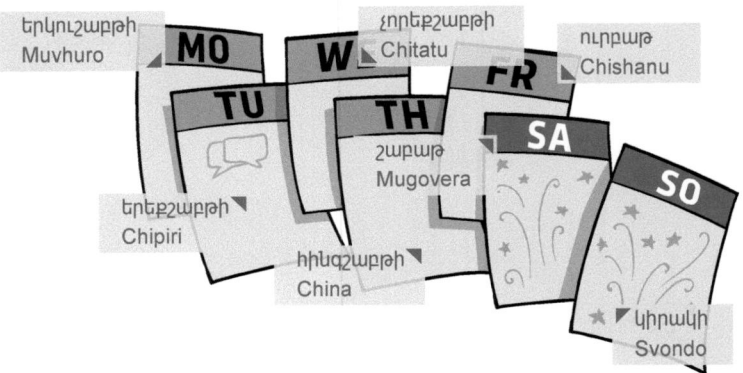

շաբաթ
vhiki

երկուշաբթի
Muvhuro
երեքշաբթի
Chipiri
չորեքշաբթի
Chitatu
հինգշաբթի
China
ուրբաթ
Chishanu
Mugovera
կիրակի
Svondo

այսօր

nezuro

այսօր

nhasi

վաղը

mangwana

առավոտ

mangwanani

կեսօր

masikati

երեկո

manheru

աշխատանքային օրեր

mazuva ebasa

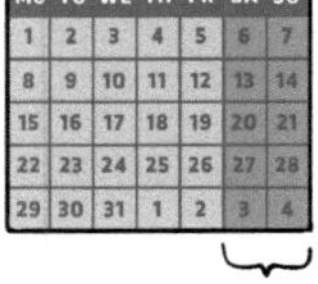

շաբաթվա վերջ

kupera kwevhiki

տարի
gore

անձրև
mvura
ծիածան
muraraungu
ձյուն
chando
քամի
mhepo
գարուն
chirimo
աշուն
matsutso
ամառ
zhizha
ձմեռ
chando

4.APRIL 11°
5.APRIL 4°
6.APRIL 13°
7.APRIL 8°
8.APRIL 10°

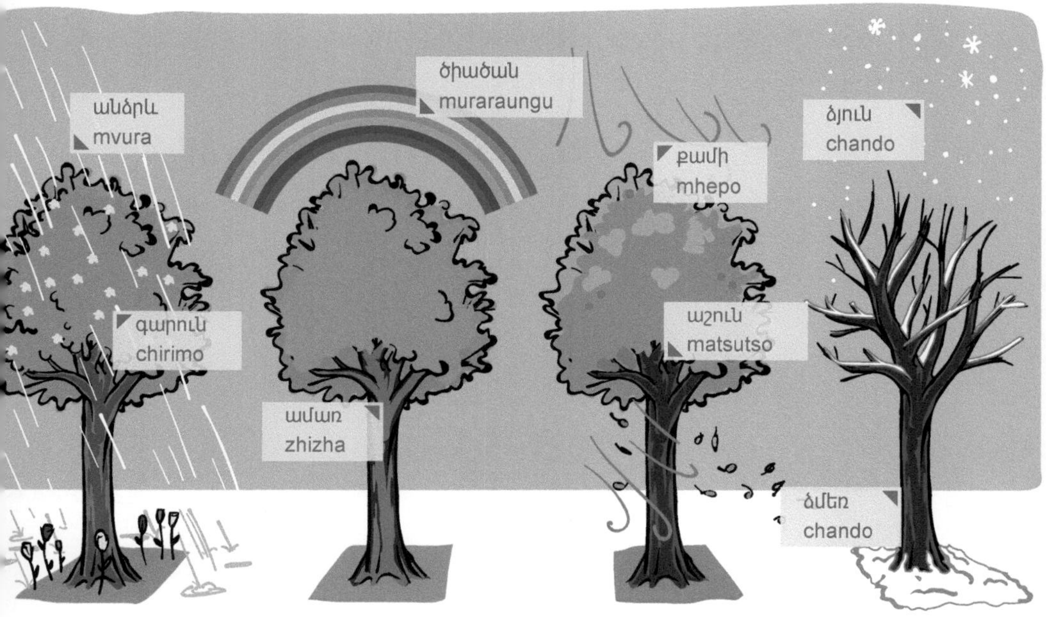

եղանակի տեսություն

mamiriro ekunze anofungidzirwa

ջերմաչափ

chekutoresa tembiricha

արևի լույս

zuva

ամպ

makore

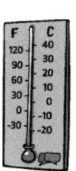

մառախուղ

mhute

խոնավություն

hunyoro

կայծակ

mheni

որոտ

kutinhira

փոթորիկ

dutu

կարկուտ

chivhuramabwe

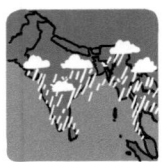

մուսոն

mhepo ine mvura

ջրհեղեղ

mafashamo

սառույց

mazaya echando

հունվար

Ndira

փետրվար

Kukadzi

մարտ

Kurume

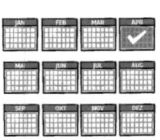

ապրիլ

Kubvumbi

մայիս

Chivabvu

հունիս

Chikumi

հուլիս

Chikunguru

օգոստոս

Nyamavhuvhu

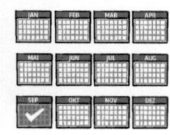

սեպտեմբեր

Gunyana

հոկտեմբեր

Gumiguru

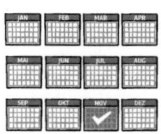

նոյեմբեր

Mbudzi

դեկտեմբեր

Zvita

ձեւավորում

mashepu

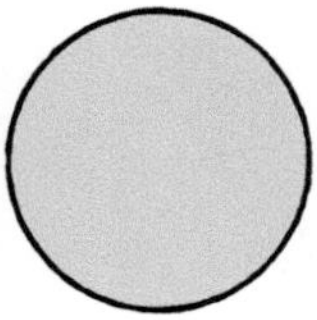

շրջան

denderedzwa

քառակուսի

sikweya

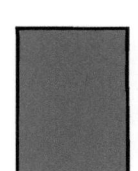

ուղղանկյունի

rectangle

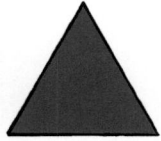

եռանկյունի

triangle

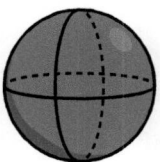

ասպարեզ

bhora

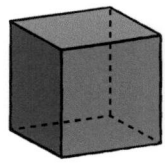

խորանարդ

bhokisi

գույներ

mavara

վարդագույն

chena

մոխրագույն

yero

դեղին

orenji

մանուշակագույն

pingi

կարմիր

tsvuku

շագանակագույն

pepuru

կապույտ

bhuruu

սև

girini

նարնջագույն

kaki

սպիտակ

gireyi

կանաչ

nhema

հակադիրներ

misiyano

շատ / քիչ

zvakawanda / zvishoma

բարկացած / հանգիստ

hasha / dzikama

գեղեցիկ / տգեղ

naka / shata

սկսած / վերջը

kutanga / kuguma

մեծ / փոքր

hombe / diki

պայծառ / մութ

jeka / rima

եղբայրը / քույրը

hanzvadzikomana / hanzvadzisikana

մաքուր / կեղտոտ

chena / sviba

ամբողջական / թերի

kwana / kusakwana

օր / գիշեր

masikati / usiku

մեռած / կենդանի

yakafa / mhenyu

լայն / նեղ

pamhamha / tetepa

ուտելի / անուտելի

unodyiwa / haudyiwi

չար / բարի

utsinye / mutsa

հուզված / ձանձրացրել

kunakidzwa / kufinhwa

հաստ / բարակ

kobvuka / tetepa

առաջին / վերջին

kutanga / kupedzisira

ընկերը / թշնամին

shamwari / muvengi

լիքը / դատարկ

rakazara / hairina kuzara

կոշտ / փափուկ

oma / pfava

ծանր / թեթև

rema / reruka

քաղց / ծարավ

nzara / nyota

հիվանդ / առողջ

kurwara / kugwinya

անօրինական է /
իրավաբանական
zvisiri pamutemo / zviri
pamutemo

Խելացի / հիմարություն

kungwara / kupusa

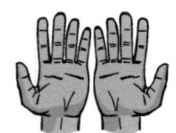

ձախ / աջ

ruboshwe / rudyi

մոտիկ / հեռու

pedyo / kure

Նոր / օգտագործվում

matsva / matsaru

ոչինչ / ինչ - որ բան

hapana / chiripo

ծեր / երիտասարդ

kuru / duku

միացում անջատում

batidza/dzima

բաց / փակ

vhurika / vharika

ցածր / բարձր

nyarara / ruzha

հարուստ / աղքատ

mupfumi / murombo

ճիշտ / սխալ

chakanaka / chakaipa

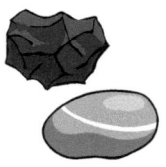

անհարթ / հարթ

kukasharara / kutsvedzerera

տխուր / ուրախ

kusuwa / kufara

կարճ / երկար

pfupi / refu

դանդաղ / արագ

nonoka / kurumidza

թաց / չոր

nyoro / oma

տաք / թույն

dziya / tonhora

պատերազմ / խաղաղությունը

hondo / rugare

թվեր
manhamba

0

զրո

zero

1

մեկ

potsi

2

երկու

piri

3

երեք

tatu

4

չորս

ina

5

հինգ

shanu

6

վեց

nhanhatu

7

յոթ

nomwe

8

ութ

sere

9

ինը

pfumbamwe

10

տաս

gumi

11

տասնմեկ

gumi neimwe

12

տասներկու
gumi nembiri

13

տասներեք
gumi netatu

14

տասնչորս
gumi neina

15

տասնհինգ
gumi neshanu

16

տասնվեց
gumi nenhanhatu

17

տասնյոթ
gumi nenomwe

18

տասնութ
gumi nesere

19

տասնինը
gumi nepfumbamwe

20

քսան
makumi maviri

100

հարյուր
zana

1.000

հազար
chiuru

1.000.000

միլիոն
miriyoni

անգլերեն

Chirungu

ամերիկյան անգլերեն

Chirungu chekuAmerica

չինարեն մանդարին

Mandarin yekuChina

հինդի

ChiHindi

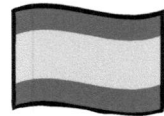

իսպաներեն

ChiSpanish

ֆրանսերեն

ChiFrench

արաբերեն

ChiArabic

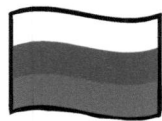

ռուսերեն

ChiRussian

պորտուգալերեն

ChiPortuguese

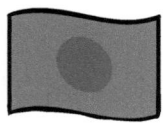

բենգալերեն

ChiBengali

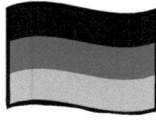

գերմաներեն

ChiGerman

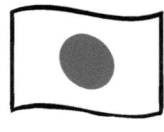

ճապոներեն

ChiJapanese

Ով է /, թե ինչ է /, ինչպես
ani / chii / sei

ես

ini

դուք

iwe / imi

Նա / նա /, որ դա

iye

մենք

isu

դուք

imi

նրանք

ivo

Ով է?

ani?

ինչ?

chii?

ինչպես?

sei?

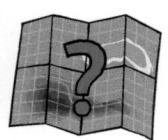

որտեղ.

kupi?

երբ?

riini?

անուն

zita

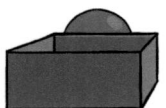

ետևում

seri

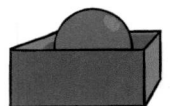

մեջ

mukati

դիմաց

pamberi

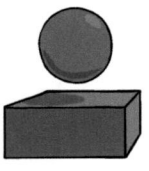

վրա

nepamusoro

վրա

pamusoro

տակ

pasi

կողքին

divi

միջեւ

pakati

տեղ

nzvimbo